AF282827

Open Books

DIRECTRICES DEL AMOR

Sylvia Trinxet

D.R. © Silvia Martínez-Comín Trinxet, 2023
Directrices del Amor

Prólogo D.R. © Ramón Pereira, 2023

ISBN: 9788412630312
Depósito legal: DL B 6217-2023
Impreso en Quares: marzo 2023, Barcelona

Primera edición 2023 © Asociación Open Art
Editorial: Open Books
Razón social: Asociación Open Art
Passeig Llorenç Serra, 48, Esc. C, 4º-1ª
08921 Santa Coloma de Gramenet, Barcelona
www.openartassociation.com

Editora: Carolina Rivas
Producción editorial: Daoud Sarhandi
Corrección y edición del texto de la introducción: Jorge García Torrego
Maquetación y diseño: Daoud Sarhandi
Fotografía de la portada: Oliver Sjöström
Fotografía de la autora: Silvia Martínez-Comín Trinxet

OTROS POEMARIOS
por Sylvia Trinxet

Philía
Colección Mitilene, Parnass Ediciones, Barcelona 2009

Transmutaciones
Colección Cincel Poesía, Ediciones Viena (Columna), Barcelona 1995

Idilio de creación
Colección cuadernos de Olalla, Editorial Torremozas, Madrid 1991

Dedico este libro a mi madre porque a ella le debo gran parte de lo que soy. Sin su ayuda no hubiese podido conseguir lo que tengo ahora. Nunca olvidaré su amor incondicional y su infinita entrega.

Agradezco también al profesorado, a intelectuales y a otros poetas que creyeron en mi poesía; al apoyo de familiares y amistades que respetaron mi espacio de creación.

ÍNDICE

Directrices (a, a1, b), (a1, b), (a1, a2, b), (a2, b), (a3, b), (b)

Directriz (A)

Directrices (b, B)

Parte II

PRÓLOGO: FILOSOFÍA Y POESÍA
Ramón Pereira

Juntos están, los más amados, en las más separadas montañas.

Friedrich Hölderlin

En la poesía encontramos directamente al hombre concreto, individual. En la filosofía al hombre en su historia universal, en su querer ser. La poesía es encuentro, don, hallazgo por gracia. La filosofía busca, requerimiento guiado por un método.

María Zambrano

I

Las relaciones entre filosofía y poesía han sido constantes en el pensamiento occidental. En Grecia, la filosofía aparece después de la poesía. El amor a la sabiduría tuvo que encontrar su espacio, su ágora, frente a ella, y lo consiguió; gracias a la condena platónica en la República, los sentimientos no deben dominar al intelecto. Podemos decir que aquí nace la disputa entre ambas. Muy posteriormente, Nietzsche proclamando la muerte de dios y sin un télos fijo, se replantea la cuestión, haciendo una filosofía extraordinariamente poética mediante aforismos y un estilo eminentemente literario. También otros filósofos como Heidegger o Gadamer dejarán de ver la ciencia como única fuente de certeza y dialogarán con la poesía y las artes, buscando una comunión.

Al igual que ellos, tenemos en nuestro olvidadizo país a una gran pensadora como María Zambrano que en su libro Filosofía y poesía las considera dos mitades del ser humano en pugna constante: universalidad versus individualidad. Ambos caminos construyen la existencia y hacen este mundo más humano.

Frente a la prisión del delirio, la realidad y el asombro, la filosofía es una búsqueda metódica, de permanente interrogación; en cambio, la poesía es donación, enamoramiento de las cosas y un vivir en los arrabales. Si una trabaja con abstracciones, la otra trata de nombrar lo innombrable.

La solución que propone Zambrano es la razón poética (si bien es cierto el concepto no es nuevo y ya aparece en Vico, Machado o Heidegger). La historia del pensamiento no puede alejarse de la vida, ni la vida puede huir del pensamiento. Por lo tanto, el ser humano es poeta y pensador.

II

Directrices del amor es un poemario de búsqueda, de reflexión, contemplación y encuentro no solo del amor con el otro, sino también del amor que nos configura como seres únicos en el mundo. Pretende conjugar estos dos ámbitos de una manera racional y poética.

Nos describe las experiencias vividas y anheladas mediante un curioso juego lógico. Para distinguir los tipos de amores vividos o imaginados, usa las letras *a, b, A, B* y también los numera *a, a1, a2, a3*. De este modo, todos los poemas se interrelacionan ampliando su significación y su trascendencia. Veámoslo en algunos fragmentos:

TRISTEZA (a)

De mi inocencia creaste
la ignorancia fugitiva
del primer beso,
el asombro cobarde
de la movilidad principiante. (…)

PARAJES DIONISÍACOS (a)

(…) Conservábamos aún
la angelical elevación de la ingenuidad
descendiendo a lo mundano.

PUREZA (a, a1)

(…) Derrotamos fatuos fuegos
con el triunfo de nuestro experimento.

PRECOCES (a, a1)

(…) idealizamos la inocencia
convirtiéndola en fabulación.

Qué y por qué son dos pronombres interrogativos necesarios y muy útiles en nuestra lengua, tan rica y compleja. ¿Qué es la verdad? ¿Por qué existimos? Preguntas que podemos considerar filosóficas. La poesía, en cambio, no siempre se pregunta. En este poemario es constante el paisaje mediterráneo, los colores y la brisa de este paraíso, el ciclo vital del amanecer y la oscuridad en constante movimiento, eterno pero irrepetible como el mar:

LLAFRANCH

Paisaje vivo en la memoria.

El cielo azul y blanco inicia al claro día.
El sol amarillo acaricia la mañana, (…)

(…) Al amanecer
la tibia calma diurna cae
sobre la fresca transparencia del rocío.
Resuenan con el alba rosada
las primeras campanadas de la iglesia.

(…) Anochecer rojizo y negro. (…)

ATARDECER

Las nubes,
paternidad de los mares,
finalmente decretan
la caída de la tarde. (…)

Quién no ha sucumbido a la música del oleaje, con llanto o alegría. Quién no ha ido desesperado hacia el mar. Para gritar socorro. Para encontrarse, para huir de un mal de amor, de un desengaño, para finalmente preguntarse, con el horizonte final como límite, arena hermana y luna herida. Por qué, por qué estamos aquí. Por qué late nuestro corazón y el mar, por qué late diferente nuestra razón:

CONTEMPLACIÓN (B)

(…)
Entendí que la poesía era razón y amor
Y pensé en inventar nuevas preguntas.

Revelaciones y epifanías entre versos de silencio latente en la página en blanco. Su discurso está podado verso a verso:

MATERIA (a1)

Materia soy
y en la materia vivo.
He tocado fondo
en la conjunción con tu esencia
y soy éter contigo. (…)

Y hay otros poemas de carácter fuertemente filosófico, tanto en su uso conceptual como temático:

AL OTRO LADO (a,a1)

Pertenezco al otro lado de la esencia:
a la confusión de la no-sustancia
o la no-palabra.

Pero soy
a la sustancia primitiva
necesidad.
(…) De un golpe metafísico
y de creencia
estamos
en la unicidad
del tiempo espacial.

O en *Monismo:*

Ebria de unidad
derramada por una idea común
amarré el ancla bajo el muelle
y disipé la niebla. (…)

En el poema *Mecanicismo y timidez* la poeta descubre la dificultad de ir más allá del lenguaje. Es un camino a veces oscuro, a veces iluminador:

Araño las fronteras del lenguaje
por si la hermética voz
inasequible a lo cercano
realiza la inmediatez.

(…) Quiero dejar asomarse el sol
por si se enciende la penumbra. (…)
Pero es el *Logos* quien otorga unidad:

El logos nos sonríe
con realidad unificadora
en la inconsciencia compartida. (…)

Y finalmente en *Silogismo* encontramos una sorprendente explicación al silencio:

Conozco la causa del silencio
en el lenguaje aristotélico:
la ausencia de materia.

También hay un homenaje dedicado al polipoeta Xavier Sabater donde juega con el poema de *Crisis* del mismo autor. Este poema es *Crisis amor juego sexo:*

(…) Crisis de sexo de juego de amor
Sexo de crisis de amor de juego de sexo.

(Y hay más combinaciones…)

Es un poemario denso, grave, como la tierra de un cementerio. Pero merece la pena permanecer en él. A pesar de la lluvia fatal, el paso del tiempo y los desaparecidos. A pesar de esta evidencia que muchos parecen ignorar. La vida duele pero nosotros aprendemos a cicatrizar la ceniza. Pero sí, es verdad, duele y no es fácil.

Como vemos la poesía de Sylvia Trinxet combina ambos discursos con sorprendentes encuentros pese a la dificultad que esto supone. Haremos caso de lo que nos dice en el poema *Festejar (B)*, uno de los últimos, donde concluye que es necesario el gozo en el amor, el reconocimiento en el otro y la aceptación mutua, para ser «recíproco como condición de veracidad.»

Leer y prologar este libro de poemas es un deleite oscuro. Lúcidas imágenes que provienen de ese cine que vemos, como decía Platón. Nuestra limitada visión que pretende ver más allá de las sombras. A veces es posible. Y quizás filosofía y poesía sean buenas compañeras para comprender la noche, el final del día, nuestro ocaso, nuestro porqué sin respuesta.

INTRODUCCIÓN
Sylvia Trinxet

Este poemario la segunda edición de *Directrices del amor* (Editorial Seleer, 2015*)*, un poemario recopilatorio de poemas escritos entre finales de los años 80 y los 2000, aproximadamente. Una selección de poemas de mi trilogía *Idilio de creación* (Editorial Torremozas, 1991), *Transmutaciones* (Ediciones Bronce, Columna, 1995) y *Philía* (Editorial Parnass, 2009), a la que he añadido algunos poemas inéditos de los años 90 como «Incoloro y beis» (Barcelona, agosto de 1995), «Mecanicismo y timidez» (Bellaterra, marzo de 1996), «Proximidad a posteriori» (Bellaterra, marzo de 1997), «Retención» (Bellaterra, abril 1997), «Ángel» (Bellaterra, noviembre 1997), y algunos poemas más actuales «Crisis, amor, juego» (Barcelona, 23 de junio de 2012), «Emoción sublime» (Barcelona, 17 mayo 2015), «Festejar» (Barcelona, 5 de junio de 2015), «Ilimitadas olas» (Barcelona, 15 julio 1015).

En esta edición, además de modificar el orden de los poemas y reinventar los capítulos, los prólogos y la portada, incluyo también poemas de esta trilogía que entonces no incluí.

En esta trilogía he buscado más la belleza de las metáforas que la intención de la significación en sí, para explicar que la vida es una búsqueda de infinitud y unidad en el amor. Esta emoción es el hilo conductor entre lo finito y lo infinito. En su búsqueda se especula, algunas veces filosofando y otras poetizando, sobre su forma y su esencia, sobre la materia y el espíritu, etc. Rasgos inherentes a las emociones. Desde lo irracional, el poetizar crea mitos o fantasías y el filosofar crea conocimientos verdaderos o reales desde la razón.

Son acontecimientos que se dieron en un entorno marino y urbano, un escenario anterior a la época de internet –no por eso más reales o intensos que las relaciones por ordenador– donde se vivían algunas tímidas emociones platónicas antes de existir las pantallas. Algunos fueron amores platónicos fallidos en su materialización.

Trazo un hilo conductor entre el fantasear de un amor inventado (o no) y el encuentro de un hipotético amor existente cuya realidad se intuye en la imaginación, construyéndola metafóricamente, desde la reflexión de su hipotética posibilidad de ser, trazando directrices imaginarias que inventan llegar a su destino; sabiendo que ni el primer amor conlleva necesariamente ser el último ni que el amor platónico no pueda aquí ponerse a prueba a posteriori del encuentro: mundaneando; transmutándose en emoción amorosa más aristotélica y tangible, creando metáforas surrealistas por encima de la no verdad y la no razón.

El marco donde transcurren se ambienta entre la playa de Llafranc (Costa Brava) donde yo veraneaba y donde tuve una pubertad feliz, Barcelona, ciudad donde vivo, y Bellaterra (Vallés Occidental) donde estudié. Paisajes con los que dialogo, naturalezas que escucho, pasados que aquí rememoro buscando respuestas poético-filosóficas que luego transmutarán en naturaleza humana.

Esta poesía inventa una construcción lógico-poética del amor a partir de los pilares básicos de las experiencias afectivas, desde los primeros sentimientos, sus encuentros y desencuentros. Iniciaciones, apegos, vínculos, despedidas, intuiciones de lo que pudo acontecer en su momento y de lo que no. En su mayoría bloqueos de emociones que no fluyen hacia amores maduros.

Trato de inventar sentimentalmente hechos que acaecen a lo largo de la trayectoria amorosa desde la pubertad hasta la juventud y el inicio de la madurez y que se encadenan a acontecimientos posteriores, a experiencias sentimentales importantes, donde la conciencia no acaba de madurar pero que avanza hacia un postrero estado superior. Hilvanando un pasado que se asoma a los años posteriores, intuitivamente, enlazando los diversos personajes en un tiempo y espacio donde se encuentran y reencuentran entre sí o entre vivencias semejantes.

Podemos conocer el pasado y el presente, pero pretender el conocimiento sobre la encadenación entre el presente y un pasado que se asoma a cuestiones sentimentales tanto primerizas como posteriores es más una labor poética que racional. Sea como fuere, con respecto a los sentimientos en general, no es precisamente necesario tener conocimiento del amor y más bien lo enfoco como una estética que poetiza bellamente sobre el conocimiento del amor.

La parte I consta de los poemas simbolizados por sus directrices respectivas, poemas sobre personajes que trascendieron, en menor medida, reencontrándose en espacio y tiempo, también poemas de vivencias importantes sobre acontecimientos similares. Un intento de diferenciarlos es enmarcarlos en una directriz que juega un rol poético-lógico donde ningún personaje de estas épocas trasciende lo suficientemente como para erigirse cúspide del verdadero amor. Son, en definitiva, personajes y acontecimientos que marcan toda una vida, o bien por la intensidad de la emoción o bien por devenir después en meros conductores o mediadores a un posterior amor de mayor trascendencia amorosa.

En la parte II se denota lo inútil de encasillar los sentimientos o codificarlos. Algunos poemas describen vivencias con personajes menos importantes, pero no por ello menos iniciadoras, ni conductoras de nuevas aperturas a mundanear lo humano y sentimental. Intuiremos que el amor no se ajusta ni a lógica ni a ley alguna, siendo más una cuestión de creencia en su naturaleza, irracional o no, una cuestión emocional y metafórica, al margen de su procedencia, su futuro o especulación. Todo aquí está poetizado: tanto la razón como la sinrazón, para describir la belleza de la naturaleza como escenario del amor humano.

Es un apego a la materia ante la carencia de racionalidad. Frente a la sinrazón, lo material y lo marino se presentan como regazo del caos. Refugio de la razón perdida, reposo de heridas mentales y reconstrucción de una poética realidad. La construcción de la propia conciencia del cuerpo se reinventa a sí misma poetizando más allá de una razón que especula poéticamente las limitaciones del conocimiento y la sinrazón.

Son relaciones únicamente entre dos: un hombre y una mujer. Un largo recorrido especulativo entre el amor primero y el último. Una trayectoria amorosa desde la pubertad hasta la juventud y la etapa cercana a la madurez, en la que el sujeto amoroso, monógamo y heterosexual, reflexiona poéticamente sobre la búsqueda de una razón que actúe como soporte real en este discurrir identitario que le permita discernir su propia esencia y constituirse como pilar de su verdadero ser.

Son directrices que se encadenan poéticamente entre sí, hacia acontecimientos posteriores, en años venideros, como experiencias emocionales que irán conformando una madurez alcanzada en un futuro incognoscible marcado por un pasado verdadero.

Así, la directriz *(a)* minúscula, sin numerar, representa la pubertad en la que me inicio en la primera vivencia amorosa verdadera y precoz. Sin embargo, no deviene aquí ninguna en *(A)* mayúscula. La directriz *(A)* mayúscula simboliza un personaje diferente, que cercano a la madurez supera a las demás directrices *(a)* minúsculas. Las directrices *(b, B)* simbolizan el reencuentro con el mismo personaje después de muchos años de desencuentro, siendo *(b)* las vivencias de juventud que después se pretenden revivir en otro reencuentro, en una época más cercana a la madurez *(B)*. Las directrices *(a, a1, a2, a3)* simbolizan diferentes personajes con quienes tuve experiencias primerizas y que se suceden en el tiempo encadenándose una con otra, relacionándose por semejanza u otro rasgo espacial. A pesar de reencontrarse con los años no se da aquí un verdadero encuentro sentimental, por eso aparece en minúscula. Por ejemplo, el capítulo *Directrices (a, a1, b), (a1, b), (a1, a2, b), (a2, b), (a3, b), (b);* y el poema *Crisis amor juego sexo* es el único en que se cruza ambiguamente con la *Directriz B* perteneciente a otro personaje.

Directrices del amor es aquí la muestra de que existen principios vitales que nos inician en la trayectoria emocional hacia un todo que es la unión de acontecimientos temporales que se van sucediendo en un espacio común. En un escenario en que la ausencia de ordenadores resaltaba algunas de las tímidas o fallidas relaciones, inasequibles o inmaduras.

El ser propio, aquí, rememora huellas del pasado, partes de vivencias pasadas que conformaron un todo conectado a la luz de la conciencia y de la propia esencia, desde donde buscamos la naturaleza del amor y tomamos conciencia de las diferentes dimensiones de su infinitud. Sentimientos encadenados en la memoria que asumimos como conciencia propia encaminada a madurar, proyectada en la espera de un futuro mejor.

En definitiva, *Directrices del amor* ha construido mi felicidad actual, con un futuro prometedor. Creo que el presente es lo que es gracias a que el pasado ha ido encajando al fin las piezas que faltaban para constituir el amor que tengo hoy.

Sylvia Trinxet
Licenciada y Máster Oficial en Filosofía, UAB
Barcelona, 22 diciembre de 2021

DIRECTRICES DEL AMOR

PARTE I

Directriz a

VÍSPERA (a)

Tú has visto en mi pasado
el corazón de las estrellas
palpitar la noche inerte
despertando al prodigio.
La suave luz de tu distancia
se asomó a mi futuro.

Has visto esclarecer
la temprana edad
de la inconsciencia.
La potencia del amor
en víspera de primavera.

Habitabas el instante
soberano de sentidos.

TRISTEZA (a)

De mi inocencia creaste
la ignorancia fugitiva
del primer beso,
el asombro cobarde
de la movilidad principiante.

Lo veo en el carácter huidizo
de cada asentimiento;
en la búsqueda de la no espera,
incansable motor de la firmeza.

No crecí. Preguntaba
por la melancolía del abandono,
modelo rojinegro
de posteriores copias.

Por el llanto y el prodigio
de la vuelta, en las esquinas;
por la estival víspera
de la infinitud compartida.

CIENCIA Y BELLEZA (a)

Consagramos el verano de la infancia,
donde se cruzan las aceras y la playa.

Sobre el asfalto de la esquina: un ramo
—me obsequiaste con la señal futura—
de las mejores flores.
Me escogiste
en un alarde de moto,
adolescente.
Te seguí.

Sacralizado inicio del lugar
allí apunta la inconsciencia.
Para marcar el signo
en vilo lanzamos la saeta.
Maduró entre ciencias
de rememorada belleza
la continuidad del ángulo
y la flecha.

Fue San Sebastián, el faro,
la conquista de la forma
en el ala quijotesca,
aura verde del molino,
girando al viento
a ritmo intermitente de la aureola
en el oscuro cielo.

Fijó Eros su respuesta
a los pies de un solo efecto
aún convaleciente.

MATERIA VIVA (a)

A través de la brisa nocturna
distingo la verde luz del faro.

El ritmo intermitente
proyecta como ofrenda
cada parte del paisaje.

Sus brazos luminosos
expanden circularmente
la directriz del claroscuro.

Por fin la materia
reconcilia mi espíritu.
El ciclo vital de los instintos
devuelve la vista a la mirada.

Signos de tu abrazo imaginario
desvelan argumentos en la noche.

REMEMORACIÓN (a)

La carta que escribimos
de puño y letra pueril
marcaron con tinta bendita
las entrañas del papel
teñido de inocencia
por la venida
de una pubertad sentimental
demasiado adelantada.

Fue necesidad
de rememoración activa,
ajustar la mente al cuerpo;
presencia materializada,
agudas visiones.

Crecer doblemente,
ponerlo en práctica.
Normalizarla.

Igual que ayer
se personificó tan solo
el punto de encuentro
entre la creación de partida
y el conjunto, cerrado,
de solitarios elementos.

EXPANSIÓN (a)

Tras las rejas corporales
de una mano desenfrenada
hundo letras,
combinaciones poéticas
pulso a pulso
con un futuro incierto.

Para desarraigar
la raíz de la herida
hube de soñar primero
con realizar lo imaginado,
distinguir lo propio de lo impropio,
seguir el compás de la rueda
al ritmo caótico de la sangre
circulando por las venas.

Tuve una mínima parte
de materia, volátil
en la agarradera,
poco accesible
para el lugar señalado;
pero cuadró con la experiencia
su veraz interpretación del ayer.

PARAJES DIONISÍACOS (a)

Lo digo: estoy bien junto a ti.
Lo sé por la oleada de luz
en el retorno a la orilla,
blanca espuma
de donde crecimos.

Como legado quedaron
parajes dionisíacos
cercando con su aura
nuestra mirada nueva,
infantil gradación
de realidad compleja.

La conciencia devino química
penetrando los espacios
encubiertos por lo bello.
Conservábamos aún
la angelical elevación de la ingenuidad
descendiendo a lo mundano.

POLISEMIA (a)

Percibir en la negrura del fondo
un finísimo hilo
de contornos delicados,
unívoco manto
rebatido ahora
por distinto plano.

Restos de mística experiencia
antaño compartida
entre juegos infantiles
y esbozos de madurez.

Anunciación futura
llevada a cabo
desde la precocidad.

Heredábamos del niño-dios
la osada gracia
sacralizando sentimientos
hoy empequeñecidos.

Empatía mítica,
primeriza
y nada más.

CATARSIS (a)

Fue también necesario
el proceso revolucionario del amor:
amores primeros, segundos o últimos,
transmutados hoy en *Philía*.

Atrás quedaron triunfos vanos,
especulativas «anamnesis»,
fantasías poco cumplidas
de unidad semiabierta
que apenas realizada
bloqueó cada intento.

En la precocidad postrera
se había consumido ya
la naturaleza,
a contracorriente,
del primer beso.

DIRECTRICES (a, a1)

META (a, a₁)

Ganasteis a ratos
en su debido tiempo.

Nuestra trayectoria
creció paralela
a un hábitat similar.

La energía era el espíritu
polarizado con azul
en los contornos diseñados
por la bondad y la venida.

Los signos del ave,
auroras boreales
tras las blancas nubes.

La fuerza del sol,
parpadear de los climas,
fue suavidad y ternura.

INDIVIDUALIDAD A DOS (a, a1)

Donde acaba la imagen de otro cuerpo
asoma la naturaleza gris,
deducción final
de azules blanquecinos
que bordeando la figura
sobresale
por la tonalidad invariable
de la física.

Su grandeza terrenal
va cercándonos corpóreamente
con exacta arquitectura
de dialéctica marina.

A la gama grisácea
de los matices fusionados
sumamos el común denominador
de nuestras vidas:
el quietismo infalible
como efecto
de la niñez engrandecida.

PRECOCES (a, a₁)

Como gaviotas que murmuran
con el pico bajo el ala
representábamos la edad irreversible,
refugio de puerta cerrada
a la consumación y al acto.

En un entorno moral
de éticas vanguardistas
tempranamente jugábamos
al rubor del sentimiento.

Algo de cierto hubo:
me cuidé de construir la ideal línea
como futuro esbozo a los emblemas
que prevalecería como ofrenda precoz
al ideal corpóreo.

Pero profetas de *hippies* y esnobismos,
del *pop-rock* o del *funky*,
del cómic y lo sexy,
románticos, medio neoclásicos y modernos,
de tintes barrocos,
idealizamos la inocencia
convirtiéndola en fabulación.

AL OTRO LADO (a, a₁)

Pertenezco al otro lado de la esencia:
a la confusión de la no-sustancia
o la no-palabra.

Pero soy
a la sustancia primitiva
necesidad.

Y lo siento al trasluz
por su condición de afirmación,
en el relámpago.

Bajamos a lo sensible
con tu impulso vital
desde el estar inicial.

De un golpe metafísico
y de creencia
estamos en la unicidad
del tiempo espacial.

DUREZA ROCOSA (a, a₁)

Como flor arrancada de su tierra
el pasado fue a la roca rotura,
la columna que enhebrara
las fracciones de segundo,
la piedra refractada
en el contacto
con la luna próspera.

Me lo dijiste, exquisito,
detrás del sentimiento,
más allá de los ojos y la carne:
se me esperaba
a pesar de mi renuncia
a la quietud, al valor y al tacto.

Me seguiste, voluntarioso,
hasta recuperar el trozo aquel
que me llevaba
¿casi absoluto?:
conjunción primera
de nuestros seres propios.

ENERGÍA (a, a1)

En él descanso mi energía
expandida en savia azul,
sangrando en mi forma
a su paso por la playa.

Vivías vigilante de mi huida,
fugaz,
al acecho de mi estela,
atraído;
pero el ancla retorcida
acariciaba el rompeolas
y la roca.

Sin mayor grado de conciencia
que una precoz gnosis
resbalaba por lo externo.

Ibas a por mí
seguro de reconciliarme
con el pilar base,
infatigablemente maduro,
audaz,
místico,
elegante.

JUEGO (a, a₁)

Juega a esconder sus alas
para que yo las encuentre,
con la fragilidad del vuelo
ondea la bandera y el viento.

Navega en la luz
como pez en la marea
y a ras de la pureza
te adentras
en el aura escurridiza
de mi tierra.

ROSAS PLATEADAS (a, a₁)

La flecha que lanzamos
con dirección correspondida
no cruzó al fin
la clave que establecimos;
por mantenerse en la antesala
del cuerpo y de su idea
navegamos internamente,
a puerta cerrada del conjunto.

Doblemente rectangular
la estancia solitaria
enmarca en su regazo
hábitos especulativos,
transposiciones posibles
de las fuerzas del destino.

Ahora renacen con el alba
rosas plateadas
de lógico misticismo
sembradas al anochecer,
bajo el jardín pictórico
de brillante hondura.
Dialécticas reales
aunándose físicamente
por entre ambos círculos.

PUREZA (a, a₁)

Lo puro ya no se va del presente
en interrumpidos tiempos
de equívoca persecución.

No es ya efímero partir de lo real.
Hilvanamos la certeza de la suma
a la victoria y al existir.

Ahora es estable la línea de partida,
el círculo cerrado de la acción.
Amistad, belleza…, bien:
punzada de una sola evocación.

Derrotamos fatuos fuegos
con el triunfo de nuestro experimento.

MATERIA (a1)

Materia soy
y en la materia vivo.
He tocado fondo
en la conjunción con tu esencia
y soy éter contigo.

Tú, yo y el uno
¿absoluto?
reencontrándonos
en la negrura del fondo, de noche;
en el manantial de la no locura,
pujante.

Pero no pujaba la cordura,
enardecías tú,
hermético, conmigo.

Ambos en el fondo,
almas parecidas.
Energía vital, generatriz.
Materia nuestra.

Marea al viento.
Marea somos.
Materia.

DIRECTRICES (a, a2)

LA PRIMERA (a, a₂)

Sí, yo fui la primera
que rompió la indiferencia de los ojos,
que nos despertó al sublime roce del espíritu
temblando de matizadas sensaciones el futuro.
Porque fui yo tu primera mirada
y la tuya también mía:
clavó cupido el sentimiento,
la autenticidad del primer beso
y el intensísimo color de su prodigio.

Después otras muchas olas desconocidas
vinieron a conocer el sabor de nuestra playa;
queriendo recibirlas se borraba la primera cada vez
y la anterior era barrida por la próxima.
Seguían llegando, infatigables.
Te perdí con la tormenta y con la niebla
aún sabiendo que tú iniciabas la palabra siempre.

Luego otro gran principio mío:
el que marca con sentidos la inconsciencia,
el del abrazo ciego,
aquel que abre a tientas
las puertas del mundo,
sin hablar de amor, sin ser tú;
pero que abriga los rincones más fríos
y enciende la alegría del alba.

Dos principios paralelos
y entre los dos
extraviada la llegada del último.

INCOLORO Y BEIS (a₂)

Incoloro y beis
es la apertura de tu proximidad.
No hay intensa sensación
en su fresca inmediatez,
ni estéticas cruzadas al azar
esforzándose en sentir.

Nosotros ascendemos verticales,
sin argumentos,
desprendiéndonos de máximas.
Y apuntamos más despacio hacia poniente
el néctar que otros derramaron
en cada crecimiento.

HAZ DE PLATA (a2)

La lanza que clavamos,
haz plateado
en la herida de lo oscuro,
sanó la cicatriz
de nuestra mente confusa.

Idéntico dolor.
El abrazo fue aire y alma
despojándose del cuerpo.

EN LA VOZ (a2)

Llevarte en la voz me salva.
El ritmo de tu pulso llega a mi cerebro
con el corazón en calma, sabiamente,
ordenando el lenguaje de los sentimientos.

Me salva atravesar contigo las puertas del mundo
sin forzosas maniobras, ni bruscas geometrías;
con la fragilidad tenue de la timidez y la sorpresa,
calladamente, temerosa de recibirte.

Cada principio me trae con simbolismos tu recuerdo
abriendo los caminos del razonamiento
venidos siempre de orígenes primerizos.

El hilo de mi voz emite en perfecta armonía
la fina delgadez de tus ideas en las mías,
recuperando los espacios ya visibles de la ausencia,
encajadas, al fin, todas las piezas rotas de la historia.

DIRECTRICES (a, a1, b), (a1, b), (a1, a2, b), (a2, b), (a3, b), (b)

PUERTO URBANO (a, a₁, b)

La fuerza del viento
metáfora y futuro origen
trae a seguro puerto
la trayectoria de los cuerpos.
Reconstruye bocetos de promesas,
fidelidades razonadas
más allá del pensamiento.

Arrastra consigo
la desarmonía del abismo.
Recrea melodías de aves
entre edificios urbanos.
Muros limitadores de firmeza.
Reposo de la razón perdida.

Sobre la playa urbana se refracta
la luz nocturna de las casas.
Geometría de la imagen recordada.
Retrospección de los sueños conseguidos.
Filosofía de la polis y la historia.

GEOMETRÍA DOBLEGADA (a, a₁, b)

El rayo de vida nos trajo al ave
encajando las piezas del conjunto,
a la derecha del paisaje
reconcilió a la arena en su caída.

La unidad suprema del momento
nos sumió a ambos como a rocas
que unidos a un espacio
viajaban a lo cercano.

Vine limpia,
poseída en mi yo propio, blanca.
Despojada de las algas bajo el agua
la pureza del espíritu
nadaba a ras de su corriente.

LEGADO (a, a₁, b)

Dejé como legado
el paisaje espiritual
materializado hoy
por aquella naturaleza.
La potencia del pasado
actualizada por su fuerza.

Percibí la densa nube
remontando nuestro vuelo.
Sus plumas, idénticas,
sanaban con la lluvia
y el lenguaje del ave
se sumaba al de la orilla.

La línea divisoria
trazada por Platón
fue difuminándose
vertiendo en ella el «néctar».

La pureza del alma
sobrevivió a la materia.

EL ORIGEN DE LA MAREA (a, a₁, b)

Yo conocí la ola originaria.
La que arrastró a las que después llegaron,
idénticas,
atraídas al mismo oleaje.

Recuerdo que en los días lluviosos
yo quería jugar con la tierra salpicada,
que entonces se negaba deslizándose,
se dejaba arrastrar por surcos de agua.
Apenas le veía alejarse entre los árboles
o desaparecer hacia lugares escondidos.

Él simbolizaba la tierra,
la arena que desprendería la roca
y su sino era encontrar
un lugar donde esperarme.

Él era la diferencia,
el espacio que hay
entre la orilla y la marea;
el silencio, el rubor de la palabra.
Siempre sentía invisible su presencia.

Pero yo habitaba en el calor
de los días soleados,
donde el sol llenaba sentimientos con su fuego
que la lluvia terminaba apaciguando
y donde no existía aún la diferencia.

IDEA ADECUADA (a$_1$, a$_2$, b)

Volver al punto de partida
anterior a la pérdida de razón,
al remolino y al *«nous»*.
Motor incorruptible
de la velocidad de la luz.

Inherencia del ángulo en la idea.
Acomodados en su vértice
sobresalimos
medio iguales entre sí
a cada exceso de inmaterialidad
tras márgenes finitos.

El mismo ser
acomodándose en el giro
a la forma.

DELICADEZA (a2, b)

Sí, deja que se cumplan por fin todos los sueños,
que crezcan poco a poco las respuestas
y nazca sorprendida su belleza
en el libre descanso ya de la razón suelta.

Vivamos en armonía el sentimiento
aunque el dolor intenso de la duda
amanezca llorando colorido
en una posterior lejana música.

Deja que velemos suavemente nuestras alas
para que la ausencia haga realidad cualquier memoria
y todos los sentidos comprendan fácilmente
que te escucho más allá de los objetos.

Y así, en blanca adoración de tu delicadeza,
en el cobijo firme de tu sabiduría,
al sentir respirar la piel desde tan cerca
corazón, diálogo y silencio
serán entonces musa.

ROSAS DE ABRIL (a₃, b)

He visto llorar a las rosas rojas
lágrimas de rocío
una mañana clara de abril.
He acariciado el terciopelo
granate de sus pétalos,
sangrando las espinas
gotas de agua transparentes.

Desde su centro hacia afuera
me regalan con su perfume la primavera
llenando el aire de tonos arco iris,
la belleza despierta al respirar
el trasfondo de sus colores vivos,
su rica sustancia como ofrenda
llegada de más allá de la tierra.

Me ofrecen con su tacto y con su piel
toda la esencia de su naturaleza efímera
que un día creció con la brisa y con la luz,
como se sembró el azar al encontrarnos
iluminándose de nuevas alegrías.

Pero su mensaje es ya tu voz lejana
muriendo cada día un poco más
y con ellas se marchitan también nuestros deseos
con forma de rosas rojas de abril,
teñidos de sueños rojos intensos
como la melancolía intangible
del paso del tiempo.

PAISAJE MARINO (a3, b)

Yo soy como la roca
del paisaje marino:
amarrada a la tierra, inmóvil.

Soy negación de movimiento:
quieta permanencia en un quieto punto.
El horizonte marca en mi frente
viejas arrugas de temores y dudas.

Un ave pasa
para enseñarme el arte del riesgo
y con su vuelo me habla
de la fugacidad de lo finito.
Me relata que en la osadía del giro
se mantiene la armonía del viaje.

Se aleja cruzando el horizonte
y desde su danza alegre
me hace señas muy despacio.
Me invita a pensar
que existe una recta divisoria de azules,
la línea que difumina las respuestas
y crea reconciliaciones.

Y en su vuelo distante
de abajo hacia arriba
cae y se levanta con el viento.

Pero la roca teme desprenderse.
Quieta y en silencio
solo puede esperar
la visita diaria de otras aves
o escuchar el ritmo diferente
de nuevos oleajes
moldeando su dureza.

Yo soy como la roca
que duda y tiene miedo
cuando tú te acercas.

Y mi duda es una pared
entre tu mano y la mía.

DIRECTRIZ A

VÍNCULO (A)

De tanto tropezar
con la razón buscada,
ignoré la memoria del sentido
y borré las huellas.

Las pisaba
el deseo de unos ojos
contemplando la media luna,
la pregunta por la forma
en la mirada esférica.

En su cauce lunar,
refractando superficies,
la reminiscencia:
habitábamos claroscuros
y órbitas celestes.

En la cima del intervalo
dominaba la mesura.

FASCINACIÓN (A)

Clavar la mirada
al fin y al cabo
redondez en los ojos
y en la calma.

Fijar con el trazo
emblemas reales,
puertas abiertas
a la emanación
y al magma.

Electrizantes aperturas
al mutismo en órbita,
inabarcables impresiones
de realidad fluyente
en nuestra mirada
intensamente deseada.

Ausencia de temor:
¿armonía completa?

AUREOLA (A)

Yo miraba la aureola
a través de la ventana
unirse al gran cielo
y abarcando espiritual
Bellaterra.

Le seguí, ahuyentándome
del mundo y su terapia.
Frecuenté lo racional en las alturas
y encontré la misma esencia:
más allá de las montañas
respira el mar de siempre
inmensamente móvil.

Pero mi rojo no era el rojo
del crepúsculo rosáceo
en el vespertino cielo,
en la mirada deseada;
ni el granate-marrón
habiéndose descolorido
por voluntad ajena a mis ojos
fortalecía irracional
los recintos resguardados,
la transmigración de las almas
reiteradamente
en manos de otra fábula.

SEÑALES DE HUMO (A)

El intelecto exquisito
fue morada de la síntesis,
señales de humo
desde la agonía
de la negación.
Destellos de certeza
y dubitativa distorsión:
miopía verbal
—entrecruzadas percepciones
de ilimitada abstracción—
pujando por acallar
la proyección vertiginosa
del saber.
Anunciaba
a golpe de latidos
las pulsaciones del aire,
la presión espacial
en dirección errónea del rojo
¿desprovisto de absoluto?

DIRECTRICES (b, B)

IDILIO DE CREACIÓN (b)

¡Qué cobardía,
mi amor hacia tu idea!
Mirarte solamente.
Crear.

Entras en mi corazón
y todo brilla.
Me llevas en tu imagen
a un viaje de colores.

Temor de hablarte.
Mueren las palabras
en blanco principio,
débil perfil retraído
de encontrarme respondiendo.

Mezclada tu idea a mi adhesión
nace tímida la fuerza del futuro
en el negro cristal
de tu mirada contraída.

Enamorada de tu idea
escucho trazar tus signos en silencio
y les sigo hasta llegar a su destino.

Mañana, el día
hará amistad con el alba,
invitará a la noche
a acercarse sonriendo.

Enamorada de tu forma
recojo el fruto de tu magia
que guardo dormida en la conciencia
y en la satisfactoria espera.

IMAGINA (b)

Crucemos juntos las puertas de la imagen
para imaginar
una bella historia de amor
que nunca acabe.
Abramos nuestros pensamientos
unidos a la gran luz del espacio.
Imagina que lo que creas se realiza,
imagina que la verdad nace
a partir de lo que inventas.

Verás como cada nuevo día
recuperaremos
las frases que ayer calló
la loca impaciencia de no tenernos,
con sus significados, rojos de turbaciones
arañando las paredes interminables de la razón.

Sobre el oscuro fondo de las confusiones
cada vez, desde la recreación
de aquel fiel argumento del pasado
vamos renaciendo
solamente de la comunicación visualizada.

Nuestra imaginación se va construyendo
con nuestra fascinación, soñándonos
a través de la dulce sustancia
y de la infinita fiesta multicolor.

Mis sentidos viven alerta de tus movimientos,
gestos que me lanzan claves de esas secuencias,
fantásticas hipótesis de felicidad
que siempre me llegan,
que dan vida a mis monólogos internos
y confirman la autenticidad de algunos hechos
siempre a la escucha
de tus redondos ojos negros.

LA VOZ DEL MOVIMIENTO (b)

La inocente alegría ciega el color
y mirándolo crece la vida.
Palabras que llegan contestando
con intencionada belleza
de sublime inmovilidad evocadora.

La vista va creando de la razón
el ritmo retrospectivo de una frase estética,
cuando una idea azulada
ha estirado todas sus fibras
cubriendo una imagen ausente
a lo largo de un plácido sueño.

La potencia prevenida de mística fuerza
une una pura sonrisa granate
con la negra quietud del instante
formándose temeroso
el argumento rosa del presente.

El grito cerrado de una mirada
descansa empujando
el ritmo pausado
de cada sordo movimiento.

MIEDO A NO VOLAR (b)

Quietos, uno frente a otro
no nos movemos.
Alimentando la angustia del silencio
me sorprendo
mostrándote el paisaje
y las cicatrices de mi alma,
mientras mi timidez de ti
oculta mi cara
buscando esconderla
por detrás del viento.

Descubro que tu naturaleza
casi enfría el sentimiento.
Busco con fuerza un simbolismo:
escucha cómo hablan las olas en la orilla,
recordarás que su sonido
lleva el color de nuestro silencio
lleno de palabras
que no pronunciaremos.

Tú al fondo, como un espejismo
me lanzas una idea, sonriendo.
Y entrelazadas las alas transparentes
de las imágenes y la emoción
haces que mi tiempo transcurra
como a cámara lenta.

Todavía sin movernos
se desarrollan juntos nuestros pensamientos;
el espíritu,
metamorfosis de sol y luna,
busca con miedo
tus ojos en los míos.
Una sola vez es suficiente
para reconocernos en un punto,
disfrazados los cuerpos
de realidad balsámica,
de una total intersección
en la pausa final
de nuestra mutua entrega
metafísica y platónica.

CLARIDAD (b)

Hoy las musas tienen forma de luz blanca.
La noche se ha vestido de una nueva luna llena
y las luces de la ciudad brillan radiantes
porque he logrado al fin reconciliarme
con los claroscuros.

Ahora atiendo la sonrisa de las estrellas blancas
y escucho sus silencios contándome de ti
y creo en los felices sentimientos
que nacen entre festivas luces nocturnas
de neón y de diversos colores
o las eternas noches solitarias y oscuras.

La salida del sol sustituye a la luna blanca
con su grande esfera amarilla y cálida
tiñendo la tierra de sus verticales rayos transparentes,
dibujando tu sombra
en todos los rincones del aire.

Arriba, en el azul claro del cielo
crece el día lentamente
y yo voy creciendo detrás de sus largas horas
buscando llenar de ti los espacios vacíos.

Y cuando ya el perfume ansioso de la tarde te ha encontrado
tiembla el día entero concentrado en tus hallazgos.

MITO (b)

Nuestro mito es evocar
el lugar sacralizado
iniciando el mismo ser,
habitando un solo espacio.

La soberanía del paisaje
fue agotando la razón
en la ola originaria.

Nuestro mito es revivir
la proyección de su causa
recuperando del olvido
el claroscuro.
Navegar hacia alta mar
desde la misma dirección.

Eternamente el futuro
armoniza con el origen
el retorno de las olas.

FESTEJAR (B)

En el amor es necesario festejarse
Concederse el tiempo justo
Reconocerse digno del otro
Para la aceptación mutua
Ante la fuerte sacudida de la sangre circulando
Feliz reacción sublime del sentimiento
Recíproco como condición de veracidad.

EMOCIÓN SUBLIME (B)

Adiós, amor platónico.
Hola, emoción aristotélica.

Te espero
donde se encuentran
la emoción y el sentimiento
queriendo ser vividos
en el aquí y el ahora
a ratos en equilibrio,
a ratos en timidez extrema,
ante tanta corporal sacudida
de ruborizados éxtasis,
admitidos ya frente a frente
dignamente como buenos
en nuestro mutuo metafísico mundo
quebrado, imperfecto,
imaginado, unido,
visionado transportándonos
a otro tiempo y espacio,
dimensión donde nuestro entorno
desaparece al materializarse
inventada o no,
poetizada o real,
fluyente,
sublime y verdadera.

ILIMITADAS OLAS (B)

Grandeza de sentir
la certeza tangible,
la intensa realidad rozada
de mutua esencia catatónica,
transportándonos lejos
a un solo conjunto
de dos elementos.

Escuchamos ecos
de voces silenciadas,
salados sonidos
de nuestras constantes olas,
ecos de nuestros cómplices
humanos, dinamizadora fuerza,
de tus signos narrarme
gestos de verdad imaginada,
predicciones encajadas
a posteriori felizmente
reconocidas reales
y únicas.

CRISIS AMOR JUEGO SEXO (B)
(Al poeta y amigo Xavier Sabater)

Juego de crisis de amor de sexo
Amor de juego de sexo de crisis
Amor de crisis de sexo de juego
Juego de sexo de amor de crisis
Crisis de sexo de juego de amor
Sexo de crisis de amor de juego de sexo.

(Y hay más combinaciones…)

PARTE II

PUERTO

Contra el brazo izquierdo del puerto
rompiendo retraída su crujido
choca la espuma salada de las olas.

El mar salpica con más fuerza
múltiples gotas blancas
por encima de las rocas alineadas.

El sol incandescente
va elevando de nuevo el día.
Va nombrándome respuestas
y en vano yo trasciendo
los ojos cerrados de la visión ciega.

PRINCIPIO FALLIDO

La espuma de las olas
iba a ser la diferencia.

Sería la morada firme
de un principio asegurado,
el último soporte
de dudas semejantes.
Superaría
sentimientos parecidos.

Iba a marcar
el fin de la repetición
y el tejido fronterizo
del abrazo de las almas.

Encabalgando
los versos de un poema
que arrastra el oleaje
a la arena rojiza de la playa.

Pero la brisa salada
homogénea
iba a borrar de una vez
el límite final de lo distinto,
a franquear
el hermetismo de la arena
pasiva y uniforme.

Otra ola abarcaría en su principio
mi promesa infranqueable
que la espuma blanca de las olas
construía para ti eternamente.

CONTEMPLACIÓN

El azul claro del cielo
me inició en perseguir rayos de vida,
en dejar hundir en él la mirada
como sobre una clara frondosidad.

Después la nube blanca
me mostró el dulce lenguaje
de la suavidad y las formas.
Me explicó por qué
la perfección de un instante
no se mantiene para siempre,
pero que la belleza en movimiento
se puede experimentar con libertad.

Más tarde descubrí la puesta de sol.
Su fuego me habló de sentimiento.
Sentí la intensidad de su punzada
rozándome por dentro.

Pregunté a la noche:
contrastes, claroscuros, contraluz
¿Por qué idolatran tanto hasta cegar
la palidez aterciopelada de la luna?
¿O es ella que blanquecina
hace brillar los espacios
más ciegos del sentido?
¿Con qué ritmo pestañea
esa estrella de diamante,
el de la caricia de ojos negros
en su iris plateado?

Me contó que en el azul oscuro
se concentra la nostalgia de multiplicar
todas las horas de todos los días.
Que al evocar un pensamiento
el tiempo no se detiene
a razonar limitaciones.

Entendí que la poesía era razón y amor
y pensé en inventar nuevas preguntas.

AMARILLO

El sol ha cubierto un nuevo estadio
por encima del blanco,
agotando los demás colores
para caber en otro instante.

Lo que antes me llama con fuerza
—recobrada del efecto de los cielos—
es el gris claro de la roca,
proponerme entrar en su diálogo
o devolver de su interior
la mirada interrogante.

Después, una sucesión de momentos
reconoce la felicidad
en la suma de matices amarillos
habiendo el verde oscuro de los bosques
rozado el amor en la mirada.

ARENISCA

La roca desprendió arenisca
que fue a parar al mar,
al aire,
y de su fiel agarradera
nació la causalidad.
Traía sobre sí
caricia gris
de morada azul.

Igual estela,
que, a ritmo del oleaje,
a orillas del puerto
iba remontando el alma
sobre lo corpóreo.

¿En qué lugar virgen
establemente descansa
la inamovilidad, fortalecida
por la conservación de una cordura
innata o no?

LLAFRANCH

Paisaje vivo en la memoria.

El cielo azul y blanco inicia al claro día.
El sol amarillo acaricia la mañana,
la tarde se viste de un aire mediterráneo
y llama con su atracción
al color más intenso de la noche.

El lenguaje tranquilo del mar
me habla de su imagen en el tiempo.
Perfumada la brisa de recuerdos
el viento atrae hacia las rocas
la llegada continua de las olas.

El clima húmedo de la playa
lleva en su brisa salada
la suave luz del pueblo,
turbada por esa densa bruma gris
que brilla tímidamente
al calor granate de las terrazas.

Al amanecer
la tibia calma diurna cae
sobre la fresca transparencia del rocío.
Resuenan con el alba rosada
las primeras campanadas de la iglesia.

Atardecer anaranjado sobre la arena mojada.
La mirada limpia sonríe al horizonte plateado,
con la pureza de su sabor marino
se acercan las gaviotas a la orilla
y rompe su silencio
el roce de las barcas en el agua.

Anochecer rojizo y negro.
El faro señala la presencia de su puerto.
Se reúne alrededor de la pequeña bahía
a la lumbre de los cafés nocturnos
su gente conquistando siempre su historia.

AMANECER SOBRE EL MAR

El sol quiere asomarse
rompiendo la quieta armonía del tiempo.
Tiembla una luz pálida
encendiendo la realidad
ahogada en la penumbra.

Entre dos colinas montañosas:
cielo y mar,
orilla, horizonte y nube malva.
El sol va degradando su reflejo
pintando múltiples tonalidades cálidas
a la marea en forma de triángulo.

Nula cualquier sabiduría
tropiezo con el cuerpo atemporal del paisaje
y alcanzo crecer a tientas
tras el nuevo nacimiento.

ATARDECER

Las nubes,
paternidad de los mares,
finalmente decretan
la caída de la tarde.

El día se despide
con intensos matices románticos.
El sol esconde sus rayos
tras la cima de los bosques.

Y yo voy creciendo
entre sensaciones rojizas
hacia la noche solitaria.

El tiempo y el espacio
fundamentan el orden creativo
de la abstracción metafórica
del amor en potencia.

MEDITERRÁNEO Y TÚ

Tú eres el hombre,
aquel que ausente
ocupaba mi pasado
y a un tiempo
revivía los finales.
Donde el Mediterráneo
originó mi primer ser y
la distancia, incognoscible,
profetizaba nuestro hallazgo.
Avanzaba la existencia.

Yo construía castillos en la arena.
Tú genuinamente diseñabas
el futuro próximo de aquel presente.

Castillos erigidos desde el fango,
de los surcos de agua y de la orilla.
Sus frágiles muros
arrasados por las olas
formaban la piel de nuestros cuerpos.

PAISAJE CONTIGUO

Los nuevos oleajes
invitados por la orilla
consumían el límite
de cada intervalo.

No le alcanzaba
ni la extensión discontinua
de la brisa, en las estrellas,
ni el baño de sol
sobre el fondo marino.

Vivían en el paisaje infinito
contiguo a la luz del día
donde el sentimiento expira
cadencias verídicas
y el origen, arqueado
en línea descendente
doblemente desmantela la inocencia.

Formaba parte
de mi naturaleza continua
desde la soledad compartida.

NATURALEZA Y HOGAR

Nuestro hogar está en la cima
del acantilado marino.
Sus paredes rocosas
forman la vértebra de nuestra playa.

La arquitectura del cuerpo
potencia el movimiento de las olas
y la dialéctica de su sonido.

El aire mediterráneo cubre de brisa salada
el húmedo aroma de los pinos
y el entendimiento dormido
despierta a lo sensible.

El ave blanquinegra
planea a lo ancho del paisaje
inclinando las alas levemente.
La fiel pureza de su vuelo
impide forzar la maniobra
de los signos del silencio.

En cada giro va agotando
la presencia del pasado,
traza extensamente
la totalidad esclarecida.

REVELACIÓN

He sentido pasar al ave.

Entreabría un espacio blanquecino
entre espíritu y silencio.

Me detuve a ver sus alas.
Creaban a su paso nuestro aire.
Cada paso era un vuelo cognoscible
abrazado a los huecos de la estancia.

Yo miraba al ave adherirse
a mis visiones blancas:
una colina nevada,
una pared incorpórea.
Crujir de alas
en vacío de espuma.

El aire revelaba en cada vuelo
la huella de tu paso en otras playas.

SEÑALES DE UNA ESTELA

Las palabras que callamos
las pronuncia la estela del barco.
La espuma que levanta
dialoga con la marea.

Las olas, equívocas,
descifran para sí mismas su mensaje.
Una nube prisionera de algodones
no puede desprenderse de otra nube.

La marea en calma
apacigua el cielo de tormenta
y ahoga la voz de la conciencia.
Su manto gris limita
con las ondas plateadas.

El timón nos empuja mar adentro
obligados por la forma de su gesto.
Al compás del giro de la vela
se despuntan nuestras fuerzas.

El roce del barco con el agua
despierta de lo oscuro al pensamiento.
Apegada a la superficie
la vista concibe el esbozo de una idea.

El lenguaje de la estela
traza la autenticidad
de signos y entes.
Herméticas señales
atrapadas por los muelles de los puertos.

PARALELISMO

El mástil vertical
de un velero a la deriva,
perpendicular al horizonte,
consagra en una cruz
nuestro destino.

La punta de la proa
converge con el viento
a izquierda y derecha.
El viraje del timón
conduce al firmamento.

Su bóveda celeste
cobija el arco de tu espalda
con la curva de mis hombros.

De adentro a afuera
se expande inmaterial
el hogar de la conciencia.

A lo ancho del paisaje
cada uno en una esquina,
tú: una roca, yo: la otra.

Dos conjuntos de palabras
encerrados en silencio.
El mismo mudo relato
vivido paralelo con el tiempo.

La misma trayectoria realizada,
presagiada de poesía.

FORMA DE LÍMITE

Tú eres el límite mayor
de la faz del paisaje.
Su orden más elevado.
La razón reencontrada.

Apoyándome en tu forma suprema
la duda se transforma
en perfecto diálogo
con el color de los días
y el paso del tiempo.

Jugando desde aquí
a que el límite final
sea ya promesa,
a probar hipótesis racionales
desplegadas en visiones de mar,
sobre nubes fraternales
que confirmen naturaleza y realidad.
Perfección y silencio
en un mismo movimiento.

MUJER Y TIERRA

Yo soy la mujer,
tierra horizontal,
alimento del árbol
de raíces perennes.

Un sauce de hojas verdes
Sembradas de vida.

Soy tronco retorcido,
arraigada decadencia
expirando la resina.

Tú eres la alta copa
de hojas caídas
sobre el suelo de mi sombra.

La playa sacraliza
el vigor de una encina
y sólo tú superas
la bóveda celeste
que principia la sustancia
del paisaje marino.

LLUVIA DE TORMENTA

Un rayo de tormenta
cae sobre la encina.
Las piedras de la costa
se agrietan con la lluvia.

La fuerza del resplandor
franquea los muros
del pequeño acantilado,
de la sustancia de la tierra.

Mientras la marea alta
derriba las barcas de la playa
tú te escondes mar adentro
y yo me quedo en la orilla
intentado reconstruir
los castillos en la arena,
la fortaleza del recinto.

NÁUFRAGOS

El miedo a naufragar
obliga anclar bajo la noche.
Un puerto confundido
oculto entre la bruma.

Tú miras los reflejos
del ancla que se hunde enmudecida.
Son ondas expandidas como niebla
en zona prohibida a la impotencia.

Invitas a bucear, desafiando
traspasar la llaga de lo oscuro.
Y el denso peso de la noche
tira del manto mortecino
hasta sentir el paso de la brisa.

Náufrago de pluralidades
en la manada de peces,
el ancla, deforme al retorcerse
inmóvil compite con la arena.

Después de izar la vela
su ritmo retiene en la memoria
el fin del blanco originario.

Evoca la promesa
de un cielo despejado.

Contra el brazo izquierdo del puerto
rompiendo retraída su crujido
choca la espuma salada de las olas.

El mar salpica con más fuerza
múltiples gotas blancas
por encima de las rocas alineadas.

El sol incandescente
va elevando de nuevo el día.
Va nombrándome respuestas
y en vano yo trasciendo
los ojos cerrados de la visión ciega.

AGUA CRISTALINA

El paisaje me conduce hasta la playa.

El suelo es ahora el agua cristalina.

Caminar junto al mar
me lleva a buscar más resultados
y sé que tu esencia generó
la intensa luz de este paisaje,
oculta en la ola originaria.

Indicó el futuro enlace de las frases
diseñando simetrías de colores parecidos
tras la máxima distancia
que separa al horizonte.

Y ausente, el pasado
adivinó tu esencia adelantándose
venciendo a las olas que seguían.

Dos aves descienden
sobre el agua cristalina
jugando a cruzarse
en sentidos diagonales.

Forzando su rizado vuelo
una tercera ave
querría sumarse al mismo juego
provocando a la naturaleza.

Pero en ella buscas siempre
la señal de nuestro origen
y sus fatuas respuestas
te callan la verdad de mi respuesta.

La naturaleza le contesta
que su punto de partida no es movido
desde el mismo entendimiento.

CIELO Y TIERRA

Su presagio fue ser cielo.

Le vi descubrirlo allí a lo lejos.
Vi revelárselo a la primavera que llegaba
y la primavera me señaló el ave
uniéndose a lo más hondo
del azul claro del cielo.

En su unión me habló del infinito.
Yo andaba entretenida
con el suelo del invierno,
inconsciente todavía de ser tierra.
El sordo vuelo de la música
arrastraba mis pasos
por la blanca sombra de su melodía.

En un vago intento de llevarme hasta lo alto
descendió bajo la tierra
y me habló la poesía.
Escuché la luz brillante de sus alas
trazar la eternidad.
Detrás de cada verso
se encontraba mi mano con la suya.

Comprendí que el amor habita cielo y tierra
y que ser tierra había sido mi presagio.

PROXIMIDAD A POSTERIORI

Preguntar a los cielos
legitimó conocernos.
Los mares transformaron en verdad
el azar ficticio.

Edifiqué muros al presente
por si la cal derramada
en su lejanía
atrajese lo cercano.

Me excedí preguntando al sol
si te mostrarías.
Sobrepasé la palidez diamantina.

Interrogando límites irracionales,
vertebrando cada orden,
en otro horizonte
inmovilicé la fortaleza.
Caminé en contra del viento
forzando la armonía.

Tú eras la estrategia constructiva,
el devenir,
el más expansivo punto
de la permanencia escondida
detrás de cada verso.

CIUDAD MARINA

I

Yo habito mi ciudad.

Entre el mar y la montaña
propaga sus quimeras.
Diseña poesías de la historia
al son de los recuerdos.

Paisaje nocturno.
La estrella cuestiona sordamente
colores y materias,
éteres o esencias.
Iris plateados.
Diamantina pestañea
sustancias al vacío.
Y espiritualmente renace
creciendo entre las ruinas.

La comunicación y la duda
irrumpen de parte a parte
en el interior de los seres.
Murmuran a las olas
la irracionalidad inagotable
del pasado y del olvido.

El peso de la noche cae
sobre el cuerpo adormecido.
Los instantes se miden confundidos
sumando cada día,
concluyendo el verbo conjugado.

II

Agotados los mitos de la polis
átomos de fascinación o de locura
entre las aceras y las casas,
arquitectónicas líneas
de sinrazón o de sentidos
se dibujan los rituales creativos
y más allá de cada imagen
se respira el mar, proyectado
desde nuestras percepciones,
desde conceptos ciegos
de originales intuiciones.
Respuestas de apertura a la visión.

Misticismo y hedonismo.
Síntesis de savia urbana,
intersección de esencias marinas
en el conjunto del sueño de los hombres,
en la acción de sus proyectos.
La mirada descansa en la marea,
cómplice de antítesis conscientes.

Bajo el mudo gesto
de la naturaleza viva
y la delicadeza de las aves,
palomas y gaviotas, sobre la arena
intercambian con audacia sus mensajes.

III

Ciudad marina.
Transcendencia constructiva de los signos.
Recreación de ordenaciones de deseos.
Placeres y belleza materiales.
Espiritual ensoñación de toda suma.
Geometría del género impotente
sanando su agonía
en la viveza de los actos.

Antropología urbana.
Dialéctica de danzas cotidianas
en armonía con las ideas materializadas
en la simbología innovadora
del sonido del roce de una página,
en la lectura de los días:
tu mítica llegada
a cada esquina de la playa,
crujir de alas, inagotable,
en la espuma de la orilla…

IV

Secuencias yuxtapuestas
de fechas irreales.
Fallidos cálculos del destino
en álgebras de fantasías,
en las restas negativas de temores
divididas en raíces.
La potencia doblegando los errores.
Un eje de coordenadas
en triángulo simétrico de alturas.
Obsesivo seguimiento
de una nada o un todo
relativo a la edad de aprendizaje.

Soplos de vida
llegarán con más principios
y oleajes últimos
bajo fábulas y realidades.
De nuevo extrañas dudas
concertarán espacio y tiempo
perpendiculares,
paralelas a distancia.
Dependientes de respuestas,
ciegos de confirmaciones…

LOGOS

El logos nos sonríe
con realidad unificadora
en la inconsciencia compartida.

Las frases mudas
nos declaran amor
en círculos herméticos.
La palabra percibe
la visión del deseo.

Y un temor irresistible
a toda forma de agonía
paraliza ilimitadamente
el argumento impenetrable.

MONISMO

Ebria de unidad
derramada por una idea común
amarré el ancla bajo el muelle
y disipé la niebla.

Gobernaba el haz de plata
sobre todos los colores:
blanco, azul, gris, amarillo…
mientras iba transparentando
externamente
el dominio del espacio

Avanzándome al concepto
acudí al vínculo circular
del ángulo perfecto.

Presenciaba la sustancia nuestra
que surgía de los límites atemporales
del presente cuerpo.

SEPTIEMBRE 2000

En la brisa del otoño
se mantiene la brisa del verano,
ilimitada blancura
con tintes amarillos.

Alegría
a veces con «néctar» y otras no.
Frescura en el aire
de intensas luces.
Respuesta inmediata
a un vacío claro,
parcialmente ocupado.

En sí reposa
una calma inviolable
de autenticidad propia.

La historia rendida a la búsqueda.

ENCOMION

Fue necesario el soporte
de esferas superiores
añadidas al vacío
en sentido ascendente
de perpetua línea.
Respirar atmósferas urbanas.
Apurar el aire otoñal,
la caída de la hoja
en el parque de la esquina.
Volver al estado cíclico
de la memoria.
Alzar un puente reconciliador
entre la nada activa
y la pasiva fugacidad
de la armonía positiva.

MIMESIS

La mímica del amor
tiene sonido y movimiento.

Puedo oír el blanco plumaje del ala
adherirse inmaterial al silencio,
escuchar tu espíritu acercarse.

Su sonido vertebrado
murmura al oído.
Razón y cuerpo, separados,
nos unen al mismo sentimiento.

Hay algo angélico
en el ruido del aire
que enlaza a la belleza
dos sustancias blancas.

FEMINEIDAD

Circunvalación.
Cercar apenas
dosis curativas
de humildad femenina,
instrumentos que entreabran
el paso ejercitado
a las ofrendas.

Calcular o no
nuevas medidas,
innovadoras fórmulas,
potenciando
corregir negaciones
innecesarias al proceso.

Buscar la prolongación
en la semibrevedad.

Que no obstaculice
la curvatura
penetrar el alma.

¿EROS O APOLO?

Héroe terrenal
de cimas y valles,
bálsamo
de la verdad desnuda,
habita el oráculo
hendido en la penumbra.
El otoño, destronado,
presagiaba la caída
de la hoja amarilla
sobre el húmedo alquitrán
de la ruta del asfalto.
Conducía al retorno eterno
de luz heterogénea
gradualmente transitoria
a la belleza en sí.
Cobíjame, apolíneo,
en el arco extensísimo
de tu figura inmensa
e invádeme de ti,
con virilidad entera.

TÉCNICA

Mitad *daimon*,
¿mitad *téchne*?
Afán de posesión
en la fertilidad creativa,
motivación redentora
de prolongar acuerdos.

Las rimas excesivas,
inadecuadas voces
para un compás liberado
aceleradamente fluyen
del pulso enardecido
de clásicas tragedias.

Funcionales metáforas
en la construcción
y el orden prevalecido
por las musas,
antagónicos logros
de osadas iniciaciones.

EXPECTACIÓN

Un emblema
es como una poesía:
metas casi insolubles,
verdades a medias.
Intensidad visual
en la agudeza de los sentidos.
Las estrellas ríen
tragicómica expectación
de apagados gritos.
Muestran promesas hipotéticas
de probables fechas.
Silenciadas voces
de estilos propios
coaccionados,
ahora renacientes.
Metafísicas fuerzas
de felicidad innata
expulsadas del paraíso.

DUENDES FAMILIARES

Los lazos familiares
que engendraron a eros
con textura de arcilla,
barro e incienso,
quedaron hilados
por artesanales alfileres
de plata y lino.

Bajo el manto acaparador
de cemento caído,
obtusamente abnegada
hasta el abismo,
la razón propia, sin recursos
escapaba a marchas forzadas,
hacia paraísos terrenales
de regiones transitadas
por malévolos duendes.

DELIRIO MOTRIZ

Anegado hasta el delirio
el ahora y el aquí,
la conciencia de sí;
arrojados los tesoros,
ropajes y utensilios,
géneros u objetos…,
lo sagrado
intercambia usura mística
junto a lo profano.
Locas profecías
persiguiendo mentalmente
imágenes irracionales
de parajes desérticos
y «néctares» prohibidos.
Con la sola compañía
de una sombra incognoscible,
el pensamiento desvaría
con movilidad rota
en la oscuridad del misterio.
Más allá de montes,
caminos y ríos,
seguimos
brotando del firmamento
a la estrella: ¿de Oriente?

ÁNGEL

El ángel de la razón perdida
anunció a los montes su locura,
futuros encarnizados poemas
de corazón al viento
quebrantado por su cuerpo.
Las espinas del alma
sangrándole a la luna.
Buscaba proféticos parajes
en colinas, mares y riberas,
en arquitecturas urbanas y marinas,
hogares felices,
casas o imaginarios muros
de fuertes recintos
protegiendo
la sinrazón de nupcial surrealismo.
Ángel que erró por calles futuristas
deambulando locas fábulas
fuera del real mundo,
arrastrado por su estigma.
Irracional ángel sexuado y maniático
en los umbrales de lo físico
y en las lindes del espíritu.

MECANICISMO Y TIMIDEZ

Araño las fronteras del lenguaje
por si la hermética voz
inasequible a lo cercano
realiza la inmediatez.

Voy forzando el puro signo imaginable
con cansada mudez
de decadencia semántica.
Quiero dejar asomarse el sol
por si se enciende la penumbra.

Sentiremos la ceguera en el trasfondo
pintando los contornos
de un posible realizado.
Suspendidos en el sentimiento
tocaremos con belleza la nada…,
miraremos sordamente
deshacerse la palabra
en medio de la estancia.

SILOGISMO

Conozco la causa del silencio
en el lenguaje aristotélico:
la ausencia de materia.

ISIS

Diosa conyugal
de lívido resquebrajada.
Retraído mandato
a interpolar.
Hendidura
en el costado metafísico.
Interposición
con tres términos ulteriores.
Libérame
de la palidez de error,
torbellino de lunes
más intensificado
en la agonía.
Despréndeme
de ornamentos excesivos
y ponme en su defecto
tenaz sabiduría.
Concédeme
la gracia supraceleste,
el ente silogista.
Dialogaré
con la estela
intermitente.
Y obsequiaré
con savia regenerada
a cambio
de un poco de materia.

RETENCIÓN

Entro en la materia
para localizar el centro.
Retengo el arte, su significación,
y me establezco en su objeto.
Lo atrapo y se me escapa.
Procuro discernirlo,
comunicar el ego.

Nombro para mí un motivo
pensado en la voluntad
de reencontrarme.
Presa de lo externo
me aferro a lo posible.
Las exigencias sociales
pasan cuentas de mis actos.
Les digo que el arte
hace decaer el orden
y tambalearse las conciencias.
Sus límites separan
el triunfo del sujeto.

Localizo la escultura
adosada a la pared.
Comprendo que la movilidad
se desarraigue del origen.

EPISTEME

En los umbrales
de una era nueva
van sucediéndose
de forma luminosa
y cegadora
aprobaciones semiconscientes,
renunciamientos
—a ratos—
intercambiando ausencias.
Como el temor a no saber,
acallando tentativas,
fascinadas situaciones
objetivamente
desprovistas de argumentos.
La tentación momentánea,
incorruptas dosis
de sabroso alimento
era sancionada por el enemigo
y su falsa omnipotencia
dificultaba
la fluidez necesaria
para sobrevivir al mal.

PLENILUNIO

Líneas de fuga
Dirigiéndose a su centro.

Bienes esféricos
Deleitando
El dominio del espacio.

Penurias y causas,
Inquietudes y desidias
En los márgenes psíquicos
Del saneamiento.

Pompas de colores
Redondeando
Su origen desarraigado
Por voluntad propia.

Intervalos de plenilunio
En la noche invernal
De soledad amiga.

De su eje, recubierto
De mecanicismos puros
Crece la siembra cotidiana
Con simbólicas palabras.

ARISTÓFANES

Vencimos a Aristófanes
con el sumo grado del color
de nuestro ser más íntimo,
donde el ente deviene cuerpo
y la meta-alma física.

Atiende a la idea
¿única?
del opuesto género
de nuestro sexo,
respuesta definitiva
a las lindes silenciadas
de la estética.

No doblegues más
mi instinto femenino
mal adormecido
de tanta mala cuadratura.
Devuelve a esa naturaleza la presencia
para deshacer el arma de la cobardía.

Mientras,
crearé hogar en las alturas.
Llamaré al espacio tu llegada
cuando traigas el instante
completado en la palabra
y sea el beso la caricia
de una sola experiencia.

Despertamos a Diotima
en la trasposición de los discursos
de Lisis a Sócrates.

SHOCK

Bajo los efectos del *shock*
me pregunté
si era yo Diotima.

Lo vi...
en el gesto ausente
del recién nacido
ahuyentándome la duda.

Dilatabas con el brillo
las horas muertas,
los a veces asexuados instintos
de sordera ciega.

Excelencias hipersensibles
llamando a filas
efectos inmediatos.
Palabras exentas
de voz concreta.

Aureola común
atravesando muros,
ladrillos y piedras,
rocas, aves...
y tabúes
de intersección mental.

Supremacías.
Hipótesis sonoras
de extensión concluyente,
desbordantes de grandeza.

PERÍODO DE MADUREZ

El genio del amor,
permanentemente amado
desde la veracidad del emblema,
había crecido ayer
en direcciones opuestas
hacia el blancor.

La superioridad del auriga:
especular bellamente
la lucha de contrarios,
verosímil producía
la figura naciente
en el forcejeo:
posible triángulo inclinado
por entre la fuerza motriz
de sus riendas,
ladeándose en espiral
desde la parte hasta el todo.

Amante de la manía más desbordante,
singular o plural,
blanca o multicolor,
eleva triunfalmente
—doblegando la frenada—
a la categoría más pura
de la suprema gradación
de la unívoca *philía*.

IDENTIDAD

Tras identificar
El fruto y la semilla
El valor
Del beso
De bella durmiente
Adolecí de la obra concurrida
Y poseí
La diadema de espinas.

Dañinos misterios de piel y hierro
Encarnecidas púas de profecías probables.
Tuve que proceder.
Romper el cascarón,
La pared del estigma.

Open Books